PAUL METZGER

Professeur agrégé d'histoire

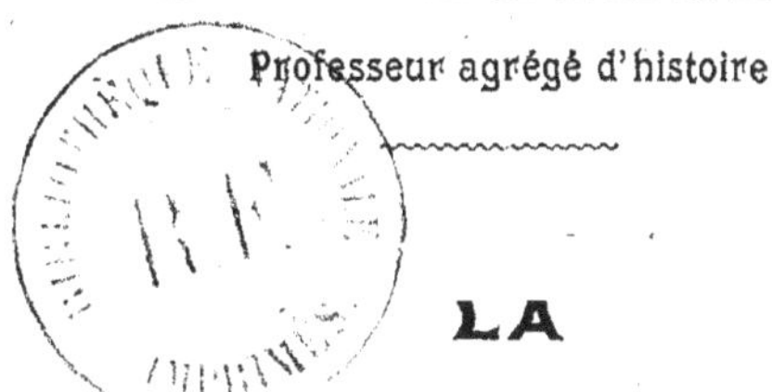

LA

Capitulation de Baylen

ET

LE SORT DES PRISONNIERS FRANÇAIS

D'après le journal du Colonel D'ESLON

(1807-1811)

PARIS

Henri CHARLES-LAVAUZELLE, Éditeur Militaire

10, Rue Danton, Boulevard Saint-Germain, 118

—

MÊME MAISON A LIMOGES

LA CAPITULATION DE BAYLEN

ET LE SORT DES PRISONNIERS FRANÇAIS

Paul Metzger

Professeur agrégé d'histoire

LA

Capitulation de Baylen

ET

LE SORT DES PRISONNIERS FRANÇAIS

D'après le journal du Colonel D'ESLON

(1807-1811)

PARIS

Henri CHARLES-LAVAUZELLE, Éditeur Militaire

10, Rue Danton, Boulevard Saint-Germain, 118

—

MÊME MAISON A LIMOGES

CAPITULATION DE BAYLEN

ET

LE SORT DES PRISONNIERS FRANÇAIS

Charles-Marcel D'Eslon (1), né à Mirecourt le 2 septembre 1765 (2), était entré au 6ᵉ régiment de chasseurs à cheval le 18 août 1782. La Révolution l'avait trouvé sergent à l'infanterie de ce corps. Il était devenu capitaine en l'an II, chef de bataillon en l'an VII, après avoir servi d'aide de camp à trois généraux ; enfin avait été nommé major au 9ᵉ léger le 20 frimaire an XII ; il était alors à sa onzième campagne, et faisait la douzième l'année suivante.

Au début de novembre 1807, étant à Landau, il reçut l'ordre de se rendre à Mézières pour y commander un régiment provisoire du corps d'observation des côtes de l'Océan. Ce fut alors, le 16, qu'il commença à tenir un journal que nous possédons écrit de sa propre main, jusqu'au 18 avril 1811 (3).

---

(1) Il écrit toujours D'Eslon ; nous suivons son orthographe.

(2) Les renseignements qui suivent sont empruntés à un relevé fait, le 30 septembre 1815, par le chef de bureau de l'infanterie, et conservé aux Archives de la guerre, où M. le commandant Picard a eu l'amabilité de nous le faire copier.

(3) Ce journal comprend 525 pages, écrites sur des cahiers nu-

L'auteur nous y apparaît comme un homme assez intelligent, sérieux et travailleur, observateur un peu superficiel, extrêmement sincère. Il devait être très simple, prudent et réservé, plutôt froid. Il ne paraît pas être passionnément épris de son métier ; mais il s'en fait une haute idée, fondée surtout sur un respect absolu de la discipline. Malgré une réserve très digne, on sent que son avancement médiocre lui a causé des mécomptes ; il aspire à la retraite, d'autant plus qu'il n'est pas satisfait du gouvernement actuel. Il a voué, et pour cause, aux moines espagnols une haine farouche ; mais il va à la messe, se lie volontiers avec des prêtres et invoque souvent Dieu, surtout à mesure que sa captivité se prolonge. Il aime son pays lorrain et toute la région qui s'étend des Vosges jusqu'à Trèves, d'où devait être sa femme. Mais le sentiment qui le domine, c'est un amour profond, constant, inquiet, dont nous verrons maintes preuves, pour sa femme Bébelé, son fils et plus encore sa fille Virginie, son vieux et « respectable » père, « bon papa » comme il dit.

C'est, en somme, un personnage d'abord un peu terne, auquel on s'attache pour sa droiture, sa douceur naturelle, mal cachée sous une apparence rigide, son bon sens. Il est un excellent représentant de ces officiers supérieurs qui, dans leur fidélité clairvoyante au nouveau régime, gardent quelque chose de l'esprit du XVIIIe siècle et de la Révolution et qui, sans en profiter beaucoup, ont travaillé, par leurs habitudes de régularité et de discipline, à la gloire de l'Empereur plus efficacement peut-être que les enthousiastes de la jeune génération.

---

mérotés d'un assez gros papier, du format in-12 carré, qui durent être reliés dans la suite. Il est tenu au jour le jour, avec parfois de curieuses différences d'écriture. Ce manuscrit est arrivé entre les mains d'un des héritiers du colonel D'Eslon, M. Chancogne, de Mascara, qui a bien voulu nous le confier.

× ×

D'Eslon part donc de Landau. A Nancy, premier contre-
ordre. Un second le dirige brusquement sur Bordeaux ; il
ignore d'ailleurs le but dernier de cet appel, supposant
seulement qu'on ne l'envoie pas aussi loin « sans qu'il
y ait quelque mouvement soit en Espagne, soit en Portu-
gal, ou une expédition maritime ».

Parti le 22 novembre avec un détachement, il passe
entre autres lieux : à Dijon, où il voit un camarade ;
à Guéret, où il est bien reçu par le préfet et son
« épouse » ; à Bergerac, où ses officiers sont insultés
dans un café par « des jeunes étourdis » qui sont arrêtés
et seront punis. Il a dû recevoir un nouveau contre-ordre
dont il ne parle pas, car il ne va pas à Bordeaux et est,
le 9 janvier 1808, à Bayonne, où il trouve le général en
chef Moncey ; « nous savons qu'il nous conduit en Espagne ».

Le 12, ils sont à Ernani, premier gîte espagnol ; le 16,
à Vittoria. Ils y restent un mois. D'Eslon est logé chez
le père d'une jeune fille fiancée à un capitaine de frégate
qui « n'a aucune des mauvaises manières des Espagnols ». On voit que la première impression est fâcheuse :
les soldats sont affreusement couchés, se nourrissent mal.
Les habitants lui déplaisent : « On nous a donné une fête
à l'hôtel de ville. Nous avons dansé avec des Espagnoles;
elles m'ont paru bien différentes de nos Françaises. Je
remarque que le sexe est mal élevé ; peut-être est-ce
parce que j'entends très peu la langue que je le juge
ainsi. Au reste, l'Espagne ne me plaît pas ; les habitants
ont quelque chose de désagréable que je ne puis définir ;
je ne vois personne d'occupé ; les hommes se rassemblent
pendant tout le jour au soleil, enveloppés de leurs man-

teaux ; les femmes sont assises près de leurs braseros, les bras croisés ; la canaille se vautre à terre, enveloppée de haillons, tuant des poux ; l'intérieur des maisons est malpropre... »

Le 8 février, l'armée part pour Burgos, où elle reste un mois ; D'Eslon s'y occupe à chasser et à instruire les conscrits. Mais déjà les choses se gâtent. « Un jour que nous allions nous mettre à table chez notre général de division, un aide de camp vient annoncer que plusieurs assassinats viennent d'être commis sur des Français par les habitants ; que toutes les portes se ferment et qu'on jette des pierres à tous les Français qui se trouvent dans les rues. Le bruit que nous entendons nous fait quitter la table ; chacun prend son épée ; nous nous rendons sur la place. La garde, quoique renforcée, ne parvenait pas à rétablir le calme ; des pierres sont jetées contre nous qui ordonnions aux militaires, qui se disposaient à venger ceux de leurs camarades qui avaient été frappés, de se retirer. La garde à cheval du maréchal parcourt les rues ; l'ordre enfin renaît ; nous allons finir notre dîner. Ce n'est que le soir, chez M. le Maréchal, qu'on apprend ce qui a donné lieu à cette émeute : dans les environs, il y avait eu du train entre des soldats et des Espagnols ; l'un de ces derniers était accouru à la ville en criant qu'il fallait assommer les premiers qui n'étaient, disait-il, entrés dans leur pays que pour y faire du mal. On est parvenu à l'arrêter, ainsi que ceux qui s'étaient joints à lui, et tout est tranquille ; cependant on prend des mesures pour la sûreté de l'armée. »

Ce premier incident faisait voir dans quel singulier pays s'enfonçaient nos troupes ; cependant elles partirent, le 11 mars, de Burgos pour Madrid. Pendant cette marche, le danger se précise. A Aranda, « il y a de la rumeur parmi la populace » ; les Espagnols se servent, le soir, de leurs stylets, « poussés par le fanatisme qui leur est enseigné par un déluge de prêtraille ; cette race est, dans ce pays, excessivement dangereuse ».

Le 22 mars, on campe à El Pardo, où l'on s'installe le lendemain, après une revue de Murat et l'entrée à Madrid. La vie est monotone. Le 2 mai, a lieu l'affaire connue, qui fit une bien mauvaise impression sur D'Eslon. « Ce jour est une époque funeste à notre armée; il rappelle des événements fâcheux qu'il n'est pas prudent que je retrace. » Quelques jours après, il dîne avec Godoy « enlevé » par Exelmans et commande la garde d'honneur du roi et de la reine d'Espagne qui lui parlent. Le 17 mai, il vient avec son régiment à Madrid, où il admire les promenades et va au spectacle. Il rencontre Dupont, qu'il connaissait auparavant. D'ailleurs, ses hôtes lui font la vie agréable, regrettant qu'il ne mange pas chez eux et tenant constamment à sa disposition une voiture et des domestiques. L'opposition entre l'attitude des grands et celle du peuple s'accuse, car la femme d'un de ses camarades reste, fort bien traitée, chez un grand d'Espagne, attendant une occasion pour rentrer en France ; « car il n'est pas prudent de se mettre en route sans escorte, la route de Bayonne ici ne se fait pas sans courir de risques. Nos aimables hôtes actuels ne nous aiment que tout juste et, quand ils nous trouvent isolés, ils savent très bien nous expédier ».

Le 2 juillet, D'Eslon reçoit l'ordre d'aller rejoindre Dupont en Andalousie, où « tout annonce que les grands coups se porteront ». Tout de suite la situation s'assombrit. « Le 11, trajet de la Sierra Morena et arrivée à Sainte-Hélène. Depuis trois jours nous voyageons dans un pays qui déjà est infesté d'insurgés ; nous voyons des exemples de la cruauté espagnole : beaucoup de cadavres épars le long de la route annoncent que nous marchons dans un pays d'assassins. Mansanarès a été le théâtre de l'égorgement de plus de trois cents malades dans un hôpital ; je ne sais quelle politique est cause qu'on ne punit pas exemplairement un semblable forfait. Valdepeñas a assailli un régiment presque entier de dragons, a tué beaucoup d'hommes et forcé le reste à quitter la ville. Despeñaperros, où nous avons passé ce matin, offre le tableau tout frais de plus de cent personnes, entre autres d'un commissaire des guerres, du général René et son épouse, qui ont été massacrées d'une manière abominable (on prétend que le commissaire des guerres a été scié entre deux poutres tout vivant, que le général a été tué à coups de hache ainsi que son épouse). Les villages par lesquels nous passons sont presque déserts. » Les isolés sont « stilétés », ce qui fait marcher les soldats plus serrés.

Le 15, D'Eslon opère sa jonction avec Dupont à Baylen. Il prend alors une part active à la série d'opérations qui eut la fin que l'on sait ; son journal traduit nettement le désarroi et le dénuement de l'armée. Le 16, la division Gobert va au secours de Belair. Gobert est tué, les forces sont éparpillées, Dufour se replic. Les troupes font cependant leur possible. « Je dois rendre cette justice aux jeunes gens que je commandais ; c'était la première fois qu'ils entendaient siffler les balles et les boulets. Ils montrèrent beaucoup de fermeté et de courage. »

En particulier son beau-frère et son neveu qu'il a avec lui, deux enfants, se conduisent bien. On l'envoie à Sainte-Hélène, où il part avec sa troupe « qui avait déjà voyagé toute la nuit ». Dufour l'y rejoint, puis est rappelé par Vedel ; les soldats « depuis deux jours ne mangeaient que de l'herbe et quelques pommes de terre ». Il semble qu'on l'oublie ; il reste du 18 au 21 sans aucune nouvelle.

Le 21 au matin, arrivent Dufour et Vedel ; « on croit que tout le corps de Dupont est détruit et enfin on suppose que plusieurs colonnes ennemies avaient passé dans la Manche par des chemins éloignés ; par cette marche ils nous tenaient bloqués dans l'Andalousie ; cependant on allait essayer, si on ne recevait pas de nouvelles du général Dupont, de se retirer sur Madrid. » Dans cette incertitude de tout, qui est au moins surprenante, on l'envoie en reconnaissance à El-Viso, d'où il doit rejoindre la colonne. Au moment de partir, il reçoit de Vedel l'ordre écrit de le rejoindre à Sainte-Hélène. Pensant que c'est pour dégager Dupont, il se hâte et arrive à 4 heures du matin à Venta de las Cardenas, à l'entrée des gorges. « Là j'appris, à n'en pouvoir douter, que le général Dupont avait été battu complètement, qu'il avait capitulé, que notre division et celle du général Vedel étaient comprises dans cette capitulation, et qu'enfin toute l'armée était prisonnière de guerre. Atterré par cette nouvelle et ne comprenant pas comment on avait pu vouloir que nous nous rendissions sans nous être battus et nous trouvant à 14 lieues du général Dupont, voyant d'ailleurs l'indignation se peindre dans tous les yeux de mes officiers et, je puis le dire, de mes soldats, je voulus d'abord me soustraire avec ma troupe à un traité qui ne pouvait avoir eu lieu que par la fâcheuse circonstance dans laquelle se trouvait le général Dupont ; je réfléchis que je pouvais me retirer à Madrid sans avoir à craindre d'être inquiété dans ma route, pouvant en outre réunir à ce que j'avais sous la main ce qui était à Mansanarès, à Santa-Crux et même à Venta de las Cardenas. Occupé de ces idées, je fais arrêter ma colonne et annonce un halte d'une heure.

« Pendant ce temps j'eus celui de réfléchir sur la démarche que je me proposais de faire. Je calculai les événements auxquels ma conduite pouvait donner lieu, l'ordre précis que j'avais reçu de retourner à Sainte-Hélène sans me faire connaître le motif de ce retour ; n'ayant de mes chefs rien qui m'annonçât cette nouvelle ; craignant d'être trompé, sachant ce que mérite une désobéissance formelle, exemple que ne doit jamais donner un chef de corps ; enfin habitué à obéir passivement et ayant à Sainte-

Hélène un de mes bataillons, je résolus d'aller le joindre, pour suivre son sort et celui de mes chefs. Ce parti pris, je me mis en route..... »

Presque aussitôt, son beau-frère Massa se blesse très gravement à la cuisse d'une balle de carabine. Il arrive à Sainte-Hélène, où il apprend que « la majeure partie des généraux et chefs de corps avaient été d'avis, dans un conseil de guerre, d'aller à Madrid. Je me repens de n'avoir pas suivi mon premier mouvement. Il était trop tard' ». D'ailleurs, ses troupes n'apprennent que le lendemain les termes exacts de la capitulation, qui leur promet la rentrée en France. Le 23 juillet, elles arrivent à Baylen et y déposent leurs armes « pour qu'elles nous soient rendues au moment de notre embarquement ».

× ×

Alors commence une lamentable odyssée, qui devait disperser nos soldats dans l'Espagne du Sud, puis aux grandes Baléares, à Cabrera, où tant d'eux moururent, en Angleterre même. C'est une triste et monotone histoire que le journal de D'Eslon nous fait suivre jour par jour.

Dès le 24, D'Eslon est invectivé par la femme chez qui il doit loger. Les Français sont vus « comme des monstres », ne se croient pas en sûreté et, en attendant mieux, sont dépouillés par leurs hôtes : « Une soupe maigre et quelques œufs frais viennent de me coûter 8 francs ». Par bonheur — et ce contraste est frappant dans toute cette partie du journal — on rencontre assez souvent de braves gens, le 27 par exemple, et encore le 28 dans un couvent de franciscains « qui sont aux petits soins », et prodiguent ensemble du chocolat et des consolations. Cependant, les prisonniers courent de grands risques, essuyant journellement des coups de fusil. « Il faut que je dise ici les raisons qui augmentent dans ce pays la haine qu'ont contre nous les habitants. Le corps d'armée du général Dupont, avant que nous lui fussions réunis, est entré de vive force dans Cordoue, Jaën, Andujar et autres ; on y a, dit-on, pillé, violé, assassiné et commis enfin les horreurs qui sont la suite de ces sortes d'expéditions. »

Le convoi (quatre colonnes de 4.000 hommes) poursuit sa route par des chemins affreux, soutenu par l'espoir d'une prompte rentrée en France. L'esprit des populations est très variable. En passant dans une petite ville, « j'ai vu plus de vingt femmes pleurer sur notre sort et nous plaindre tout haut en faisant des prières pour notre conservation ». Plus loin, dans un district riche, « tous les habitants de ces montagnes viennent en caravane sur le chemin pour nous voir passer ; nous causons avec eux : les uns nous plaignent, d'autres rient de nos malheurs ; ceux-ci disent des sottises, d'autres nous offrent des rafraîchissements ; tous haïssent B... et se dévoueraient plutôt que de laisser changer leur état ; cependant ils sont divisés d'opinions, se laissent facilement convaincre ; leurs prêtres les fanatisent et seront cause des maux qui accableront leur patrie ».

La chaleur augmente et devient très pénible. D'Eslon est très occupé de Massa, qui lui cause beaucoup de maux ; il s'inquiète journellement de sa famille qui ignore sa position. Tantôt il couche à terre ; tantôt il est reçu avec humanité ; le 2 août, à Ossuna, il est « logé comme un chien chez des gens à leur aise ». Il se plaint au corregidor qui, non sans peine, fait entendre raison à ses hôtesses « soutenues par un coquin de prêtre que je voudrais bien retrouver ici en y revenant les armes à la main ». Il note le nom de son hôte pour s'en venger à l'occasion.

D'ailleurs, la situation empire : le froid de la nuit, la chaleur du jour lui occasionnent une diarrhée continue ; des bruits absurdes circulent : on parle de disperser les prisonniers dans des bourgs ; la date de la rentrée en France recule. Malgré la bonne réception d'un apothicaire, D'Eslon s'indigne contre « les vilaines gens » que sont les Espagnols et médite des projets de vengeance. Sa diarrhée persiste, accompagnée de palpitations de cœur et de faiblesses. Il trouve encore plusieurs fois des hôtes aimables ; mais les difficultés matérielles sont grandes : « Le soldat n'a que son pain pour toute nourriture, et comme il est mauvais ! Les officiers ne sont pas plus heureux ; ils sont sans solde depuis le 1er juin. » On se réunit pour échanger des conjectures et recueillir des bruits. « On dit que Dupont a été dévalisé et assailli à coups de pierre, ainsi que d'autres généraux.... On ajoute qu'on a trouvé leurs malles pleines de vases sacrés et d'ornements d'église. »

Enfin les caractères s'aigrissent, l'entente et la discipline se relâchent, des incidents pénibles se produisent. Le 22, « j'ai eu une scène vive et désagréable avec le chef de bataillon Lanusse ; ce jeune homme est insubordonné, a la tête extrêmement vive et donne un mauvais exemple de discipline devant la troupe ; depuis que nous sommes prisonniers, il se croit hors de ma tutelle. Je pardonne son emportement en raison de notre situation ; hélas ! elle est bien capable de faire oublier un instant non seulement ce qu'on se doit à soi-même, mais encore ce qu'on doit aux chefs. »

Le 27, c'est le même Lanusse qui vient chercher le colonel pour qu'il interpose son autorité, le capitaine Mollin, condamné aux arrêts de rigueur, refusant de rendre son épée. D'Eslon en profite pour tenir à Lanusse un petit discours que le chef de bataillon feint de ne pas comprendre. Il va trouver Mollin et lui dit de remettre son épée ; mais l'officier répond « avec beaucoup d'impertinence qu'il n'en ferait rien et qu'étant prisonnier et au pouvoir des Espagnols, il se croyait dispensé d'obéir à

qui que ce soit ». D'Eslon veut prendre de force son épée;
Mollin saisit celle du colonel ; celui-ci la reprend et saute
« sur le fusil d'un Espagnol avec la résolution de tuer cet
officier ». Un officier espagnol s'interpose.

Cependant on avance lentement. A Antequera, les Français sont hués, insultés et frappés à coups de pierre, leurs
équipages pillés.

Enfin, le 27 août, pendant que les hommes sont internés
à Punte-Real, les officiers sont conduits à Malaga, escortés par la garde bourgeoise pour les protéger contre la populace, « qui paraissait très disposée à nous maltraiter ».

× ×

A peine les prisonniers sont-ils arrivés que des em-
ployés des douanes les visitent, prennent note de leur
argent et retournent les porte-manteaux, s'attendant à les
« trouver chargés d'effets espagnols ou d'ornements d'é-
glise ». On enlève à D'Eslon une partie de son bagage et
de ses chevaux ; comme il a quatre personnes à nourrir,
il commence, dès maintenant, à être inquiété par des em-
barras d'argent.

Le moral aussi devient mauvais. « Tout annonce que
notre prison sera longue et qu'on ne pense pas à tenir la
capitulation. » Bien plus, les Français craignent d'être
maltraités, sont gardés par la force armée et escortés,
quand ils vont à la messe ou font, comme on le leur a permis, quelques promenades en bourgeois. Ils sentent alors
l'hostilité de la population dans le rire des femmes,
dans les reproches qu'un passant fait à un pauvre pour
avoir accepté « la charité d'ennemis de la patrie, d'héré-
tiques, de Français enfin....., aumône mal acquise parce
qu'elle n'avait été faite que par ostentation, et non dans la
vue de Dieu. »

Des bruits alarmants circulent : on ne compte plus guère que la capitulation sera exécutée : « Violer un traité est un jeu pour les gens sans foi et sans honneur. » Un dernier chagrin ne leur est pas épargné : à plusieurs reprises ils apprennent que « plus de 200 de nos soldats, presque tous Piémontais, Italiens ou Brabançons, se sont engagés dans les troupes espagnoles ». Bien plus, le 24 septembre, « nous avons eu la douleur de voir des hommes de nos corps avec l'uniforme français, engagés au service d'Espagne, de garde à notre prison. C'est le comble de l'indécence... Il faut être Espagnol, c'est-à-dire sans honneur, pour exposer à de semblables humiliations des officiers supérieurs ». De plus D'Eslon souffre toujours de sa diarrhée, maigrit et finit par prendre de l'émétique. Aussi il écrit, au commencement de septembre : « Nous nous ennuyons à mourir » ; le 12 : « Le chagrin me mine ; je ne puis m'ôter de l'idée que je ne reverrai plus les personnes qui me sont chères ; » le 15 : « Notre position est réellement désespérante. » Cependant, plusieurs officiers supérieurs ayant demandé à rentrer en France, D'Eslon refuse de le faire : « Je donne pour raison que je crois ne pouvoir ni ne devoir séparer ma cause de celle des officiers, sous-officiers et chasseurs de mon régiment ; que je dois en tout suivre le sort qu'ils auront à éprouver ; que je regarde cela comme un article de conscience et que, chacun ayant sa manière de voir, j'étais loin de désapprouver leur conduite, mais que je ne voulais pas la suivre. »

Dans la seconde quinzaine de septembre, la situation est loin de s'améliorer. On interdit maintenant aux prisonniers de sortir. Ils sont étroitement surveillés, au point qu'un soldat reste assis sur la baignoire où D'Eslon prend un bain. Cependant il croit à des complots d'évasion. Quant au nouveau gouverneur, Reding, il ne fait que donner de bonnes, mais vagues assurances. Bientôt il fait répandre le bruit qu'en France, grâce aux fausses nouvelles du *Moniteur*, on ignore la capitulation. « Y-a-t-il donc bien de la honte à avouer que 4.000 hommes ont été obligés de se rendre à 40.000 ?... Si 12.000 hommes des divisions Vedel et Gobert ont été compris dans la capitulation des premiers, est-ce à eux que l'on doit s'en prendre ? A-t-on à ce point oublié la discipline militaire et veut-on faire un crime à ces divisions d'avoir obéi à leur général en chef ? S'il en est ainsi, il faut que tous ceux qui aiment l'ordre et savent ce qu'on doit à la hiérarchie, cessent de servir. »

Toujours la même incertitude accablante, toujours les mêmes soupçons d'évasion, facilités par un relâchement de la surveillance ; toujours la même hostilité de la population. D'Eslon la déteste de plus en plus. « Voilà des catholiques auxquels on prêche ou on devrait prêcher la tolérance. Voilà enfin le fruit du fanatisme sous le masque de la religion, religion sainte dont ils ne connaissent que le ridicule et nullement la morale..... Je le répète, les Espagnols ont beaucoup de reliques, beaucoup de religieux, beaucoup de momeries et d'hypocrisie, mais point de religion : elle leur est totalement étrangère ; ils n'ont que de la superstition ! O prêtres, combien vous vous éloignez, en prolongeant l'erreur du peuple que vous vous plaisez à tromper, de votre première institution ! Vous êtes tous plus exaspérés, plus méchants, car vous l'êtes par calcul, que ce peuple auquel vous soufflez la discorde, le désordre et l'assassinat. » Une conséquence est que « les Espagnols ne connaissent réellement aucun des agréments de la vie ; ils sont si fortement occupés de leurs messes, chapelets, images, simagrées, etc., qu'ils ne font que cela. Heureusement qu'un peu d'huile et de pain suffit à leur nourriture, car on ne voit presque personne travailler ; du moins ils font peu de chose. »

Certains incidents expliquent ce ton : le 25, à la messe,

un officier blessé à la jambe se contente de s'incliner ;
un sacristain va chercher un moine, qui dit à l'officier
de s'agenouiller. Celui-ci refuse ; le moine porte plainte
au gouverneur qui, le 28, transmet ses reproches ; et
D'Eslon ajoute : « Est-ce ainsi qu'on sert Dieu ?... Oui,
en Espagne, et c'est avec de semblables procédés qu'ils
ont porté le christianisme aux Indes, au Pérou, au Mexi-
que. Aussi, combien de victimes ! »

Quelques jours après, semblable aventure lui arrive.
« Un des moines qui paraissent placés de distance en distance pour nous épier » exige qu'au moment de l'élévation
il ploie non pas un genou, mais les deux ; il obéit « en en-
rageant de tout mon cœur » et en pestant contre cette « mo-
nacaille... ces va-nu-pieds... Tel moine... est scandalisé
d'une faute du genre de la mienne, qui tous les jours
se promène jusqu'à minuit dans les places publiques ; jamais ces hommes de Dieu ne rentrent dans leurs monas-
tères avant ce moment, et souvent ils sont encore plus
tard à faire de la politique aux portes des cafés ou parmi
les groupes de ceux qu'ils excitent au meurtre et à l'assassinat. »

Quelque temps après, il revient encore à « ces fai-
néants de moines, ignorants jusqu'à la crasse, qui ne
doivent être considérés que comme les boute-feux de la
révolution espagnole. Ce n'est que par eux et pour eux
qu'elle a lieu, tandis que la presque totalité de cette
classe d'hommes est le scandale de la société ; nous avons
acquis la certitude que ces gueux vont dans les maisons
publiques voir les filles, qu'ils sont journellement dans
les cafés, avec le ton beaucoup plus insolent que nos
grenadiers ».

Octobre et la moitié de novembre se passent dans une
triste monotonie. Les officiers de Malaga apprennent de
ceux d'Alméd'a « qu'un officier de cuirassiers nommé Le
Marchand leur faisait beaucoup de mal dans l'esprit des

Espagnols ; il n'est pas d'horreur que cet officier ne dise contre notre gouvernement ainsi que de tous ses chefs ». A Malaga, ils sont bientôt renfermés et étroitement surveillés : « Nous pensons tous que nous avons obligation de ce qui nous arrive à l'espion Mortemard, adjudant de place. Il n'est pas encore content de tous les dons que nous lui avons faits ; il veut encore revenir à la charge ; l'histoire de la caisse et de mon régiment, dont je parlerai à l'occasion (1), ainsi que la permission de G..., etc., en sont des preuves parlantes. Il a pour acolyte de ses rapines le secrétaire du gouverneur... »

Sur les affaires du dehors, les prisonniers n'ont que des bruits et des conjectures ; ils entendent une canonnade, apprennent que les Espagnols sont affectés par le titre de rebelles que leur donnent les journaux français, tandis qu'ils se qualifient de « défenseurs du trône et de l'autel »; ils croient au succès des Français à cause du départ des troupes espagnoles. Ils sont instruits que « deux moines et un officier avaient proposé à un des domestiques du général Dufour, sous l'appât d'une grande récompense, d'assassiner son maître ».

Le 20 novembre, le général Lefranc meurt sans qu'on autorise les officiers à suivre le corps de leur « vieux et respectable chef ». Le secrétaire du général raconta que le premier prêtre appelé convoitait tout et demanda au moribond s'il n'avait pas d'argent pour donner à l'Eglise. Le second dit d'abord :

« Allons, Monsieur le Général, il faut mourir en bon chrétien...

C'est tout au plus ce qu'on doit dire à un malfaiteur qu'on va pendre. »

---

(1) La caisse du régiment ayant été séquestrée, le gouverneur donna l'ordre de la rendre ; Mortemard, connaissant cet ordre, essaya, sans le révéler, de se faire donner un tiers de la caisse. D'Eslon alla trouver le gouverneur, qui fit rendre le tout.

Dans leur isolement presque absolu, leur seul ami est don Juan Thomas Sanchez, chapelain de Los Martires, où ils vont à la messe ; prêtre bon, instruit et pacifique, vivant dans la misère — sa pension n'étant pas payée — des « aumônes des fidèles, qui sont peu donnants. J'en parlai à nos camarades. Nous nous sommes cotisés et lui avons remis une somme proportionnée à nos moyens comme marque de reconnaissance de ce qu'il fait pour nous. Il a accepté après quelques difficultés et, dimanche dernier, il nous a prouvé que ce secours lui était nécessaire : il avait des souliers et un bonnet neufs et avait donné sa dépouille à son sacristain, qui est dans la misère comme lui ».

Depuis le 30 octobre, D'Eslon était à nouveau indisposé, avec des malaises et de la fièvre. Le 13 novembre, il finit par se coucher et resta sans connaissance, considéré comme perdu, du 14 au 1er décembre ; il avait « une fièvre putride ». Ses amis, ses camarades, ses domestiques, ainsi que le chapelain, le soignèrent parfaitement ; un officier du 6e provisoire fit des vers sur sa maladie. Sitôt levé « je suis entré dans la chapelle et j'ai rendu grâce à Dieu de ma convalescence en le priant pour la santé de ma pauvre femme, de mon père et de mes enfants ». Il se remit vite, surtout quand on lui permit de manger. Mais rien que d'apothicaire, il devait 156 francs. Il ne lui restait que 200 francs avec quatre personnes à sa suite ; quant à l'argent qu'il avait du régiment, il donnait lieu à des comptes extrêmement compliqués. Aucune nouvelle de sa famille, à qui il pensait tout le temps et écrivait à tout hasard.

Le 10 décembre, à 4 heures du matin, les prisonniers reçurent l'ordre de faire les paquets ; ils partirent après des adieux touchants du chapelain accouru à la hâte.

× ×

D'Eslon, trop faible pour marcher, alla ce jour-là à âne jusqu'à Velez Malaga. Puis, lentement, avec des arrêts et des contre-ordres, on conduisit la troupe à travers un pays hostile. Un jour, un officier doit persuader ses hôtes « que nous étions d'honnêtes gens, aussi bons catholiques qu'eux, que nous ne mangions pas les petits enfants et que nous ne violions ni filles, ni femmes, ni religieuses ». Ailleurs, dans un village où l'un de leurs camarades meurt — ce qui leur coûte 102 francs pour les obsèques — les officiers sont hués et poursuivis. Une autre fois, dans un village où ils étaient déjà passés, l'ancien hôte de D'Eslon vient le chercher à son logis en lui disant qu'il n'y est pas en sûreté et l'arrange de son mieux chez lui : « cet homme n'est cependant autre chose qu'un journalier qui travaille toute la journée pour faire aller la maison » ; le colonel lui laisse un écrit constatant sa manière d'agir et lui tend la main que l'autre porte à son cœur en disant : « *Soy amigo de uste a la vida y a la muerte.* »

Mais, en général, le pauvre D'Eslon est mal reçu ; ce n'est pas fait pour le remettre ; car, constate-t-il, « depuis ma maladie je suis extraordinairement susceptible et m'emporte facilement ; heureusement que tout le monde le sait et qu'on en rit. »

Ses malheurs n'étaient pas finis. Le 28 décembre, à leur arrivée à Xérès, les douaniers ouvrent les malles, prennent « fusil, pistolet, cartes d'Espagne, différents ustensiles, un très beau collier d'ambre... une couverte et environ 4.000 francs en argent et en or appartenant au régiment... » Le lendemain on leur enlève leurs épées, puis on les appelle « dans une chambre où était la junta avec les douaniers ; là on a enlevé à tout le monde tout l'argent qui a été trouvé soit dans ses effets, ou sur lui ;

on nous a fait déshabiller ; nos vêtements visités, on a poussé l'indécence jusqu'à mettre le doigt dans l'anus de quelques-uns de nous que l'on soupçonnait y avoir introduit de l'argent... »

Le 1ᵉʳ janvier 1809, à Punte Real, la junte « nous a enlevé ce que l'autre avait bien voulu nous laisser, c'est-à-dire quelque argent de France et chacun un couvert ; elle a achevé de nous désarmer et définitivement me voilà avec 15 francs que je tenais dans ma main pendant qu'on me fouillait... » (son domestique Nicolas avait caché sa ceinture dans une écurie). Aussi on comprend la colère de D'Eslon, récapitulant toutes les iniquités dont il a souffert. « Nulle puissance ne pourra m'empêcher de me payer de mes mains dès que je pourrai retourner en Espagne avec des troupes à mes ordres. » Il se rappelle cependant tous ceux qui ont été bons pour lui : « Je les connais, et si jamais je les rencontre, je leur témoignerai ma reconnaissance. »

Il traverse une grave dépression, désespérant du retour, songeant au suicide, évoquant sa famille, surtout sa femme, dans une crise dont témoigne l'écriture tremblée : « Ce que je viens d'écrire m'avait si fort affecté que je me mis à pleurer comme un enfant dans un coin de la cour de la maison ; ceux de mes camarades, qui me montrent le plus d'attachement s'en étant aperçus, se sont approchés de moi pour me consoler ; ils y sont parvenus et je me sens assez de force pour attendre les événements avec tranquillité. » Le soir même, les Français étaient transportés sur le ponton *la Castille.*

Ils y trouvèrent d'autres officiers. « Il paraît que nous serons fort mal. Il y a beaucoup de malades ; on est entassé comme des harengs. » Les nouveaux venus s'installent tant bien que mal. insuffisamment consolés par la vue admirable qu'on a sur Cadix. Aussitôt les malades se multiplient ; il en meurt tous les jours ; on se refuse à toute amélioration. L'humeur du convalescent se ressent de ces conditions ; il se* fâche avec son domestique, emprunte « de quoi lui payer ce que je lui dois » ; un officier le ramène : « Il s'est mis à pleurer, il m'a dit qu'il ne voulait pas de mon argent, que celui qu'il avait encore était à ma disposition et qu'il sentait qu'il ne pouvait pas vivre sans être à moi. Je me suis également mis à pleurer et nous nous sommes réconciliés... » Ce domestique lui resta jusqu'au bout d'une fidélité parfaite.

La santé du colonel s'améliore : « Je commence à parler raison » ; on avait craint qu'il ne devînt fou. Mais il n'en est pas de même pour tout le monde : son neveu, son beau-frère, son domestique entrent à l'hôpital ; beaucoup de prisonniers y sont et y meurent. Toujours les mêmes bruits, accueillis plus volontiers quand ils laissent croire à une victoire française.

« Nos journées sont bien monotones : toujours les mêmes choses à faire, se lever, aller faire un tour sur le pont, examiner les environs de la rade, déjeuner, jouer, politiquer, dîner, lire, se coucher, dormir, s'ennuyer à mourir : voilà notre existence. » Du 4 février au 2 mars il n'y a rien sur le journal : « Il y a un mois que je n'ai pas écrit dans ce journal autant par paresse ou insouciance, en raison de notre position, que parce que tous les jours on nous berce d'espérances qui s'évanouissent le lendemain. »

Des bruits avaient couru, qui parlaient d'une translation aux Canaries ; puis on parla des Baléares. Le 28 mars, D'Eslon est transporté avec quelques camarades à bord de la frégate *la Cornélie*, qui fait voile pour les Baléares. Elle est aussitôt ramenée par des vents contraires. Le 3, nouveau départ de la flotte, environ vingt voiles, qui, le 5, passe le détroit. De gros vents l'y rejettent et la dispersent le 6. « Les vents et la grosse mer nous ont ballottés jusqu'à 11 heures du soir. Notre capitaine, mal secondé, mal équipé, ne connaissant pas bien les parages que nous parcourons et craignant de naufrager, ayant déjà perdu deux ancres en voulant mouiller, prêt à se jeter contre les rochers qui bordent l'Afrique, a prié nos marins de l'aider. Les deux MM. Bourdier, Bourdes, capitaines de vaisseaux, et trois capitaines de frégate ont mis la main à l'œuvre et, à force de travail, sont parvenus à nous conduire dans le fond de la baie, au delà des villes d'Algésiras et Gibraltar, et près de l'embouchure de deux rivières dont les noms ne sont pas sur la carte. » « Nous venons, disent ces messieurs, de l'échapper belle ; peu s'en est fallu que nous ne soyons brisés contre les rochers. » Le convoi se rallie peu à peu.

Le 11 avril, départ, navigation lente pendant laquelle on rencontre un « baleineau » et une tortue de mer. D'Eslon est volé et malade.

Le 18, le convoi manque l'entrée de Majorque et n'arrive à relâcher à Mahon que le 21. Des officiers anglais donnent l'ordre de repartir ; il y a là, en effet, des vaisseaux anglais commandés par Collingrood ; « il y a apparence qu'ils sont là en attendant les événements et pour être à portée de s'emparer des Baléares dans un moment favorable ; déjà leur pouvoir s'y fait sentir, puisque les Espagnols y reçoivent leurs ordres. »

Un malheur nouveau frappe D'Eslon : « J'ai éprouvé aujourd'hui un grand chagrin. Je me suis trouvé couvert de poux ; j'en ai tué cinquante-un dans mes habits et dans mon linge ; les sales Espagnols qui nous entourent se font un jeu de secouer les leurs sur nous... » De plus il tombe de l'eau sur son lit, de sorte qu'il reste quatre nuits sans se déshabiller.

Le 22, départ ; après un dernier grain, les prisonniers

arrivent dans le port de Palma le 24, à 2 heures, vingt
et un jours après leur premier départ.

× ×

Aussitôt arrivés, ils apprennent avec joie que l'île refuse
de les recevoir. Puis on leur affirme qu'ils vont incessam-
ment partir pour Tarragone, où ils seront échangés. La
nouvelle se confirme : « Nous sommes dans une joie
difficile à peindre. » On transborde certains prisonniers,
dont D'Eslon, sur le transport n° 13, où ils trouvent des
soldats « dans la dernière misère, couverts de poux, dé-
guenillés, entassés comme des harengs ». D'Eslon travaille à emmener ses deux jeunes gens et son domestique,
« mes trois enfants ». Les deux premiers viennent seuls,
Nicolas étant malade : « Il me peine de laisser ce garçon
derrière moi. » D'ailleurs beaucoup d'officiers sont en
contrebande sur les transports qu'on croit destinés à Tarragone. « M. Mollin est venu hier à bord, espérant échapper comme le font tant d'autres ; je n'ai pas permis qu'il
se trouvât sur le même bord que moi ; je me souviens de
ce qu'il a fait le jour de mon arrivée à Malaga. »
Cependant l'attente se prolonge dans des conditions extrêmement pénibles ; l'espérance persiste. « Depuis que
nous savons que nous devons être échangés, nous sommes
plus impatients que jamais et nous nous inquiétons du
retard que nous éprouvons ; je me réjouis fort du moment
où je mettrai pied à terre afin d'envoyer, dès que je le
pourrai, mon journal à mon amie, afin qu'elle connaisse
tout ce qui m'est arrivé depuis ma captivité. »
Cela était écrit le 1er mai ; à la même date, il y a :
« Il est 6 heures du soir et nous venons d'être atterrés...
Tous les prisonniers, au nombre de 370 officiers et 4.000
soldats, vont être conduits à l'île de Cabrera ; là on leur

donnera toutes les choses nécessaires à leur existence. Cette île n'est point habitée, elle est à quelques heures de celle-ci. » C'est une profonde désolation : « Il y a de quoi renoncer à la vie... Adieu tous les projets de bonheur que chacun de nous faisait il y a deux heures... O grand Dieu, donnez-nous aux uns et aux autres les forces nécessaires pour supporter notre misère, si réellement nous sommes condamnés à voir s'évanouir toutes nos espérances. »

Le lendemain, le capitaine, « sans aucun ménagement, nous a annoncé que tout était changé et qu'il n'y aurait point d'échange. « Il n'est point d'expression qui puisse rendre ce que nous éprouvons ; nous nous regardons les uns les autres sans dire un mot. Quelle cruelle position ! elle ne peut se rendre... La plume m'échappe, des larmes remplissent mes yeux et m'empêchent de tracer tout ce que j'éprouve ; rien ne m'a tant affecté depuis que je suis au pouvoir des Espagnols. »

Le 3, après une bien mauvaise nuit où il n'a pas pu fermer l'œil, D'Eslon est conduit avec les officiers supérieurs au lazaret, touchant terre après un mois et six jours d'embarquement, et emmenant comme domestiques son beau-frère et son neveu. Pendant le séjour au lazaret, les bateaux, après de nombreuses évolutions, partent ; bientôt on reçoit d'un des prisonniers une lettre qui « est loin de nous rassurer sur leur compte ».

Le 19 et le 20, visite de la santé et de la douane. Le 21, ils partent à pied pour une caserne de Palma. Le lendemain Reding, frère du vainqueur de Baylen et gouverneur de la place, vient les voir au matin, promettant « de faire pour nous tout ce que les circonstances actuelles lui permettraient de faire ». Ils sont passablement installés.

Ils ont une singulière compagnie : « Je n'ai point encore parlé, écrit D'Eslon le 23, d'une dame qui est avec nous (seulement, le 23 avril, j'ai écrit quelque chose en abrégé qui la concerne [1]) ; elle est veuve d'un officier de la légion commandée par Teulet. Ce dernier vit avec elle en intimité ; déjà plusieurs fois elle a été cause de quelques altercations, elle a quantité de défauts de son sexe. Enfin généralement elle n'est aimée de personne, parce qu'elle s'est permis des malhonnêtetés avec presque tous nos camarades ; j'ai pour mon compte beaucoup à m'en plaindre, quoique je sois le seul qui lui aie rendu des services à son arrivée, à cause qu'elle était avec Teulet. Elle est même la cause de beaucoup de froideur entre cet ancien ami et moi, parce que je ne lui ai rien passé et que je l'ai relevée chaque fois qu'elle s'est mise dans le cas de l'être. Aujourd'hui l'adjudant de la place et le capitaine de service sont venus signifier de la part de la junta que Mme Leclerc serait placée seule dans une petite chambre basse dont elle s'était accommodée avec Teulet ; qu'une sentinelle serait mise à cette chambre avec défense d'y laisser entrer personne de nuit, et ce sous le prétexte d'éviter le scandale. Teulet est, en conséquence de cet ordre, venu s'établir parmi nous. Quoique peu de nous s'intéressent à cette belle, cet ordre a paru extraordinaire et indécent... »

Il est vrai que les prisonniers ont une attitude que blâme D'Eslon : « Il faut avouer que nous donnons lieu à ce qu'on ne nous laisse aucune liberté et aucune douceur par les propos indécents que se permettent certaines personnes contre celles qui nous approchent ». De même le 24 : « Il n'est pas du tout étonnant que nous soyons autant surveillés que nous le sommes ; car déjà de nos messieurs ont commis des indiscrétions blâmables, entre autres de s'adresser à un premier venu pour tâcher de voir s'il n'y aurait aucun moyen de s'évader. » Aussi, quand

---

(1) Mme L... joue la comédie...

ils demandent à aller à la messe, on le leur refuse ; « il paraît qu'on croit peu à notre catholicité. »

Cependant, D'Eslon s'occupe, avec un camarade, à confectionner une petite chambre de toile qu'ils cousent euxmêmes. Mais un incident assez sérieux vient le troubler et montrer l'état d'esprit des insulaires. Le 1er juin, « beaucoup de monde s'est rassemblé autour de notre prison ; on nous a hués et lancé des pierres. Cette émeute a été causée par mon polisson de neveu qui a jeté par une croisée un papier qui, quoique ne contenant rien, a été interprété par la population qui a prétendu que nous avions tenu des propos contre les Espagnols. » Heureusement on retrouve le papier et on prouve que ce n'était qu'une étourderie, que l'oncle se promet de punir sévèrement, car la chose avait menacé de mal tourner : « Il n'était question de rien moins que de forcer la garde et de venir nous égorger. » Prudemment, le jeune homme s'était caché ; « il eût passé un mauvais quart d'heure » s'il était tombé sous la main de D'Eslon. Celui-ci le fait enfermer dans un cachot avec de l'ouvrage. Mais le 13, le gouverneur le prie de le faire relâcher et, quelques jours après, enterre l'affaire.

D'ailleurs ce gouverneur est un homme aimable qui leur passe « d'une manière honnête » une revue, avec un commissaire des guerres et deux membres de la junte. De nouveau, et à plusieurs reprises, courent des bruits d'échange.

Au reste, les prisonniers ont quelques renseignements sur le monde extérieur. « Quelques gazettes reçues en cachette parlent d'affaires sérieuses en Allemagne. Nous connaissons cette guerre depuis notre séjour à Gibraltar ; elles sont écrites dans un genre alarmant pour nous ; heureusement que nous savons à quoi nous en tenir sur la manière dont on annonce les victoires en Espagne. » Dans le courant de juin, de nouveaux prisonniers leur appren-

nent « que la guerre d'Autriche va grand train, que déjà
l'Empereur était à Vienne.... Combien ne perdons-nous
pas à avoir eu le malheur de faire partie d'une armée de
pacotille ! Nous serions en Allemagne à portée des grâces... » Bientôt les nouvelles sur l'Allemagne deviennent
contradictoires et fournissent le thème de conjectures jour-
nalières.

C'est qu'on s'ennuie « à mourir dans la prison ». Tantôt D'Eslon a la nostalgie de ses montagnes, tantôt il
songe à prendre sa retraite sitôt libre. Il revient sur ce
sujet le 1ᵉʳ juillet, quinzième anniversaire de son mariage :
« Quelle que soit la médiocrité de ma retraite, j'en aurai
toujours assez pour vivre loin des grands; je ne puis maintenant plus rien espérer en servant ; le moment des grâces
est passé ; un sort funeste m'en a éloigné à l'instant où,
sans injustice, le gouvernement n'aurait pu se dispenser
de faire pour moi ce qu'il a fait pour d'autres qui l'ont
moins bien mérité. Ne touchons pas cette corde, elle est
trop délicate ; mes principes ne sont pas de ceux avec lesquels on obtient tout du gouvernement actuel ; je ne
connais et ne sais remplir que mes devoirs, cela ne suffit
pas : il faudrait être courtisan, et j'ai contre tous ceux
qui le font une haine implacable. En conséquence je ne
suivrai pas leur exemple ; je n'aurai rien, mais j'aurai
la satisfaction d'avoir bien servi mon pays ; tant pis pour
lui s'il ne sait récompenser que la flatterie. »

Quelques jours après, pendant que Mᵐᵉ Leclerc et la
cuisinière du général Dufour partent en France, Nicolas et
quelques officiers sont ramenés de Cabrera. D'Eslon invite
à dîner un de ceux-ci, « malgré tous les propos que je sais
qu'il a tenus sur mon compte ; ce n'est pas ici le moment de
l'en punir ; je réserve ce que je lui dois, ainsi qu'à quelques autres, pour quand nous arriverons en France.
MM. Mollin et Rocot ne se sont pas même donné la peine

de venir me voir. » Les mêmes, à une revue, trois jours plus tard, « ont eu l'insolence de passer devant moi sans faire semblant de me voir ». Dans le mois suivant, à l'occasion d'une revue d'appel : « J'ai saisi cette circonstance pour obliger les capitaines Mollin et Rocot à se présenter chez moi, sans quoi je leur ai dit que j'allais les porter absents et qu'ils seraient sans solde. »

Ce n'est pas le seul incident qui montre combien les esprits sont gâtés par la captivité. Le 11 juillet, D'Eslon écrit : « Il vient d'arriver quelque chose qui me peine. Pour établir de l'ordre parmi les prisonniers, les généraux et les officiers supérieurs ont jugé convenable de dresser un règlement, et des officiers de tous grades sont nommés tous les jours pour la police et surtout la propreté. Un de ceux commandés a refusé de le faire ; voilà le premier acte d'insubordination commis ouvertement ; s'il n'est pas puni sévèrement, il n'y a pas de raison pour qu'un de ces jours tous nos subordonnés ne nous envoient paître..... »

Le lendemain, l'officier fit des excuses. Mais, le 31, nouvel incident : « Pour la cinquième fois depuis que je suis prisonnier, j'ai été témoin d'une scène bien désagréable. MM. De May et Duras ont eu une querelle vive et se sont apostrophés de manière à devoir se voir en champ clos ; de même, à *la Castille*, le premier a eu deux semblables altercations avec MM. Bessard et Estève ; ce dernier en a eu une aussi avec M. Glaize. MM. Lanusse et Forax ont aussi donné ce spectacle. Je crois, en vérité, que la malheureuse position dans laquelle nous sommes contribue beaucoup à nous aigrir le caractère : nous sommes très susceptibles et nous fâchons les uns contre les autres pour des bagatelles... »

Il faut dire qu'avec la chaleur, qui croît toujours, la situation est intenable. Dès la mi-juin, l'entassement et les

maladies étaient à craindre. C'est bien pire à la mi-juil-
let, où des médecins esquissent une enquête. Aussi le 20
et le 22 juillet, anniversaires de la capitulation, D'Eslon
écrit-il tristement : « Cet état est désespérant pour ceux
surtout qui, comme moi, aiment leur patrie et leur
famille et qui perdent un temps précieux pour leur avancement... Ce qu'il y a de plus pénible encore, c'est d'ignorer
combien cela pourra durer... » Comme distraction, il a un
oiseau, « attaché à une galère » qu'un capitaine de frégate
lui a dressé et sur lequel il donne de longs détails.

Parfois encore on se reprend à espérer ; on croit que
les « révoltés » reviendront à Joseph : « Ils ne sont pas
à s'apercevoir, depuis que leur premier feu s'est apaisé,
que les Anglais seuls profitent de leurs troubles... » Mais
la réalité est bien différente.

Le 10, sur des bruits d'évacuation de Madrid et de dé-
faites en Allemagne, les prisonniers sont « insultés et
assaillis de pierres par un rassemblement de populace
assez conséquent... La garde a eu beaucoup de peine à
les contenir, quoiqu'elle ait été augmentée et que le gouverneur soit venu lui-même pour chercher à faire rentrer
cette canaille dans l'ordre... Les femmes paraissaient les
plus acharnés contre nous.... »

Aussi on comprend que des complots d'évasion se tra-
ment, d'autant plus qu'on en a appris plusieurs de Cabrera. D'Eslon n'est sûr de rien, mais est inquiet. Les
Espagnols ont des soupçons, passent des revues ; ils arrivent à connaître quinze officiers qui s'étaient confiés à un
soldat et savent le chemin qu'ils devaient prendre ; des
barreaux descellés sont replacés, d'autres ajoutés. « Nous
sommes consternés, les uns d'avoir manqué leur coup, les
autres d'inquiétudes sur les suites que ceci pourra avoir... »
Elles ne se firent pas attendre : le lendemain, 23 août, un
certain nombre d'officiers supérieurs, dont D'Eslon, sur

le compte desquels on mettait le projet d'évasion, furent
emmenés au fort de Belverd, à une demi-heure de Palma.

× ×

Répartis dans quelques chambres, ils sont « indigne-
ment fouillés jusqu'à la chemise par des douaniers ;
tout ce que nous possédions d'or, d'argent, d'argenterie
nous a été enlevé ; nous sommes sans un denier ; on a
ensuite visité nos effets ». A 6 heures du soir, ils n'avaient
encore rien mangé. La vie matérielle ne laisse pas d'être
difficile, malgré l'attitude bienveillante du gouverneur.
D'Eslon, navré d'être puni pour les fautes des autres, écrit
pour protester et, en attendant, s'arrange dans un carré
de dix pieds ; du château on jouit d'une belle vue, mais
la chambre est fermée par des verroux.

Aussi le mois de septembre passe tristement. Le 2,
D'Eslon a 47 ans et pense que, « dans quatre ans ou peu
de chose de plus, il faudra songer à vivre tranquille ».
La vie est horriblement monotone : « Les journées des
prisonniers se ressemblent toutes : de l'ennui, du désir,
de l'espérance, des inquiétudes, du chagrin ; rire, boire,
manger, jouer, lire, dormir, voilà leur vie. Elle n'est pas
agréable, mais qu'y faire ?... » Les prisonniers sont mé-
lancoliques; la « patience nous échappe... les jours s'écou-
lent sans apporter aucun changement, non seulement à
notre position, mais encore à nos inquiétudes ». Ils sont
étroitement surveillés, ne voient personne et s'attendent
au pire : « Nous devons nous attendre à ce que ces bar-
bares, entre les mains desquels nous sommes tombés, ou-
bliant un jour tout ce que les nations policées observent
envers les prisonniers de guerre, viennent nous massa-
crer ; nous sommes tous bien persuadés, d'après tout ce
que nous leur avons entendu dire, que si le hasard

ou des événements qu'on ne peut prévoir faisaient annoncer la mort de Ferdinand, nous serions les premières
victimes qui lui seraient immolées... O grand Dieu !
éloigne de moi ces idées sinistres et fais au contraire que,
confiant dans tes bienfaits, j'éprouve la douce satisfaction
que donne l'espoir de voir réaliser mes désirs les plus
chers ! » Cependant, constate-t-il, « il est bien surprenant
que, dévoré de chagrin et abreuvé d'amertume comme je
le suis depuis quatorze mois, j'aie conservé ma gaieté et
mon embonpoint ; c'est un grand bonheur sans doute et
j'en rends grâce à Dieu, que je prie de me conserver
pour des enfants qui auront besoin de moi et pour une
épouse tendrement chérie ; puissé-je bientôt me trouver
dans ses bras et dans ceux d'un père respectable ! »

Jusqu'à la fin de l'année, c'est la même vie dans une
mélancolie croissante ; D'Eslon fait des rêves sinistres,
craint sans cesse la mort de quelqu'un des siens, cherche
par tous les moyens à leur faire parvenir des lettres auxquelles il ne reçoit aucune réponse, invoque souvent le
secours divin. Dans ce vide, une tentative de fuite de son
oiseau est un événement ; il se distrait à lire *Don Qui-
chotte* dans le texte, ou à fabriquer de petits meubles en
carton. Les esprits s'aigrissent ; il y a plusieurs scènes
désagréables, à l'une desquelles participe même D'Eslon.
Parfois la surveillance se relâche ; un autre jour, une sentinelle menace les prisonniers de leur tirer dessus s'ils ne
se retirent pas des croisées, ce qui amène le colonel à
s'indigner contre « ces canailles, ces j... f... ». « Nous
ne pouvons dormir : ces soldats de pacotille crient tant
qu'ils peuvent étendre la voix, à chaque minute sans exa-
gérer, le joli : *Sentinella alerta !* et chantent depuis 8 heures du soir jusqu'au lendemain, à 6 heures du matin. Je
pense que ces soldats de milice ont peur en faction et
qu'ils chantent pour se dissiper ; mais leur musique ne

nous permet pas de fermer l'œil. » Quelques nouvelles
vagues circulent à différentes reprises ; les prisonniers
connaissent les trois premiers articles du traité franco-
autrichien ; mais le moyen qu'ils avaient trouvé de lire la
gazette est éventé. Un jour de décembre, un capitaine
de garde, « gredin s'il en fut, méchant, grossier, capable
de beaucoup de mal », vient les voir et leur fait espérer
qu'ils seront bientôt libres.

Aussi, au début de 1810, l'espérance renaît. On croit
que les insurgés sont lassés et que 150.000 hommes viennent d'Allemagne en Espagne ; on attend une libération
prochaine, les Espagnols étant « aux abois... Nous com-
mençons à respirer et à espérer que notre état, s'il ne
finit bientôt, au moins sera allégé ». Il faut que les prisonniers se contentent de cela pour le moment. Grâce au
gouverneur, « excellente créature », ils sont autorisés à
aller à la messe, ce dont D'Eslon profite pour adresser
« de ferventes prières au régulateur de l'univers ». Enfin
leurs deux généraux, dont ils avaient été séparés, leur sont
réunis ; cette réunion est un « événement » ; on se montre
les uns aux autres les petits objets qu'on a faits : D'Eslon
a fabriqué des objets en carton et une boîte en bois pour
sa fille, avec « un canif, un morceau de lame de couteau
cassé et un mauvais couteau en forme de scie. »

Des bruits leur avaient appris la guerre turco-russe, la
venue du roi de Saxe en France, du pape à Avignon, la
prochaine réunion d'un concile et l'envoi de renforts en
Espagne ; ces bruits se précisent : un article de la capitulation de Gérone, dit-on, stipule l'échange des prisonniers de Majorque. « Nous sommes tous rayonnants de
joie... Tout ce qui se dit, tout ce qui se fait autour de
nous nous fait croire que le moment heureux n'est pas
éloigné. » Le mois s'avance, on continue à parler
d'échange ; « nous n'y croyons cependant plus, ayant été

attrapés si souvent dans nos conjectures. » Ils se laissent
aller cependant de nouveau à l'espérance : le 6 février,
des officiers français venus de Palma croient le départ
prochain ; aussi D'Eslon passe sa nuit à se « repaître d'espérances et de chimères. » Mais au début de mars « rien
n'annonce que notre position doive s'améliorer ; nos inquiétudes renaissent et nos espérances s'émoussent ». Le 7,
ils arrachent à un Espagnol la confidence que leur départ
se prépare en silence, dans un bref délai. On en repar-
lera encore fin avril... C'était une désillusion de plus.

A part cette fièvre, peu d'incidents rompent la monotonie des jours. Arrive un gouverneur nouveau, complai-
sant et sachant le français. Les officiers, mal nourris, tou-
chent irrégulièrement leur solde qui est réduite, et sont
en conséquence dans le dénuement. Ils ont souvent des
nouvelles, d'ailleurs tristes, de Cabrera ; ils apprennent,
on ne sait comment, que l'Empereur a prononcé un discours disant qu'il va partir en Espagne et que la Hol-
lande pourrait être réunie à la France ; qu'on parle du
divorce de l'Empereur, qui se remarierait avec une princesse de Russie ou de Saxe ; d'autres fois, ils envisagent
la situation des Baléares, prêtes à passer à l'Angleterre ;
ils reçoivent aussi des échos des affaires d'Espagne, où
ils croient l'insurrection refoulée.

Cependant ils sont tristes : « Nos journées se ressemblent toutes ; elles sont cruellement monotones : toujours
les mêmes choses non seulement à faire, mais encore
à se dire.... Nous faisons tout ce que nous pouvons pour
éloigner les idées sombres qui nous assaillent ; nous nous
pinçons pour nous faire rire et, malgré toutes nos inquiétudes, y arrivons quelquefois. » Jusqu'à la mi-avril, deux
incidents seulement : le 12 mars, ils assistent de leurs fenê-
tres à une émeute confuse ; on entend une fusillade ; des
officiers français sont sortis du fort de Palma et embar-

qués ; ils apprennent qu'une pierre lancée du fort a blessé une religieuse, d'où une émeute qu'il a fallu réduire par une fusillade. Quelques jours après, ils connaissent les tués et les blessés, parmi lesquels se trouve Nicolas qui, pour comble de malheur, a perdu ses effets et une partie de ceux de D'Eslon. Par contre, le 15, on leur amène le général Exelmans et quelques officiers : « Je puis dire que, depuis que nous sommes prisonniers, nous n'avons pas éprouvé de plus grand plaisir. » Les prisonniers sont mieux nourris ; toutes les portes leur sont ouvertes ; ils peuvent se promener dans le château et sur le donjon.

A la mi-avril, cette amélioration est compromise : on avait laissé à Exelmans un soldat espagnol pour le servir, et on le lui retire sans le prévenir ; il va se plaindre si vivement au gouverneur que la scène dégénère en « rixe. » Exelmans et deux officiers sont enfermés dans la tour, le gouverneur étant « très aigri. » Mais on les en tire avant la fin du mois.

Une des principales préoccupations de D'Eslon, en dehors de la fuite de son oiseau, c'est sa correspondance avec sa femme. Le 15 mars, il a appris qu'elle avait été prévenue de son existence. Le 23 avril, « M. de May... m'a montré un passage d'une lettre qu'il a reçue hier de son épouse ; elle lui dit avoir écrit à Bébelé dès les premiers jours de février et qu'à l'instant où elle lui écrit elle n'a point encore reçu de réponse ; sa lettre est du 13 mars. J'ai été atterré à cette lecture... Que signifie ce silence de la part de ma femme ? Quelles sont, grand Dieu ! les questions que je puis me faire et comment concilier cette négligence et ce manque de procédés ?... Je suis réellement désespéré. »

Cependant, les jours suivants, il cherche à faire parvenir des lettres par toutes sortes de moyens. Le 3 mai, il compte qu'il en a écrit vingt ; et il continue, non seulement à sa femme, mais à un grand nombre de personnes. D'autres reçoivent des lettres : « Je suis désespéré. » Mme de May a écrit encore deux fois à Bébclé sans réponse ; « je me perds en conjectures. » Il continue à expédier des lettres ; enfin, après la trente et unième, le 14 juillet, « je reçois la première lettre de mon épouse depuis que je suis prisonnier ; elle, ses enfants et mon père sont bien portants. Je respire, et ne puis rendre compte des sensations de bonheur que j'éprouve ; ce jour est un jour de bonheur pour moi... Je suis d'une joie difficile à peindre... Je vais maintenant supporter mes maux avec patience ». Il recommence donc à écrire, et d'abord pour assurer à sa femme des moyens d'existence en lui permettant de toucher le quart de solde et son traitement de légionnaire. De nouveau, le 20 juillet, il reçoit deux lettres de Bébclé des 2 et 16 juin : « Ma joie m'empêche de tracer tout ce que j'éprouve en recevant des nouvelles des êtres qui me sont bien chers. » Là-dessus, il écrit sa trente-cinquième lettre.

Pendant tout ce temps il n'y a presque rien à relever. L'isolement des prisonniers est moins absolu. Le 30 avril, « pour la première fois depuis que nous sommes prisonniers, une dame est venue nous voir ; elle est l'épouse de M. V..., aide de camp du capitaine général... Elle paraît aimable... Cet événement fait époque dans notre république ».

Dans le courant du mois de mai ils sont encore visités par des officiers espagnols et des dames : « Il y avait longtemps que je n'avais touché la main d'une dame ; j'ai eu ce plaisir en en conduisant une d'un appartement dans un autre. » Une autre fois, ils ont la visite d'officiers d'un brick anglais qui se chargent de leurs lettres et leur annoncent le mariage de l'Empereur avec une princesse autrichienne. Malgré ces minces distractions, les prisonniers restent d'humeur irascible et attachés à des riens : à propos de comptes. « MM. Bourdet et Fradin ont donné lieu à une scène bien scandaleuse chez le général Dufour, qu'ils ont insulté l'un et l'autre d'une manière outrée. »

Un jour, D'Eslon croit retrouver son oiseau ; c'était celui d'un camarade : « J'avoue que je ne puis rendre compte de ce que j'ai ressenti dans ce moment ; je venais de dîner, et peu s'en est fallu que je ne rendisse tout ce que j'avais dans l'estomac. Comme un rien occupe un prisonnier et fait époque pour lui ! »

A Majorque on a des nouvelles — et bien mauvaises — de Cabrera. D'Eslon en fait venir pour un camarade son ancien cuisinier Saint-Aubin : « Il est maigre, défait et déguenillé... Nos malheureux soldats sont presque sans vêtement, beaucoup exactement nus. » On apprend ensuite qu'un brick anglais leur a apporté cinq cents vêtements et que les officiers anglais ont paru touchés... « Les Anglais fournissent des vêtements à nos hommes ; ne nous considèrent-ils pas comme leurs prisonniers ? » Plus tard l'information se complète : les Anglais « s'y sont parfaitement conduits » ; les matelots ont porté spontanément tout ce qu'ils avaient aux prisonniers... « Quelle leçon pour les Espagnols !... Ils n'en profiteront pas, ils sont pour cela beaucoup trop éloignés de toute civilisation. »

La situation des prisonniers de Cabrera est pitoyable. Fin mai, D'Eslon envoie de l'argent à deux officiers, à son beau-frère et à son neveu ; « le peu d'argent que je gardais précieusement va sans doute être employé de cette manière. » En effet, il en envoie encore à plusieurs officiers : « Je suis assailli de demandes auxquelles je ne puis satisfaire ; je suis désolé. » Plus tard arrivent encore de Cabrera Nicolas, qu'à force de prières D'Eslon a obtenu, et deux officiers de marine qui s'étaient mis à la tête de la construction d'une barque.

Dès le 29 mai, un bruit avait couru : « On nous annonce comme certain que sous peu nous serons remis aux Anglais. Cette démarche de la part des Espagnols doit suffire pour les faire juger à leur juste valeur ; que cette nation est vile et combien elle doit être méprisée par toutes les autres !... » C'est que, dans ce cas, l'échange deviendrait plus problématique que jamais.

Le 8 juin, la nouvelle se confirme : « Cette mesure, à laquelle nous nous attendons depuis longtemps, nous fait éprouver deux sensations opposées : la première est causée par le plaisir, parce que dorénavant nous serons certains de notre existence, n'étant plus parmi des assassins ; la seconde nous fait envisager notre captivité comme devant être fort longue... » Ce qui domine, c'est la joie de partir.

Puis on dément le bruit. Le 17 juin, on reparle de la livraison aux Anglais pour la fin de la semaine... « Quelle infamie !... les Espagnols se couvrent d'opprobre... et les Anglais, qu'en penser ? » Enfin, le 22, « nous venons d'être prévenus officiellement par le gouverneur du château, qui en était chargé par le gouverneur général, que nous partons d'ici le 26 ou le 27 au plus tard, qu'on nous conduit à Cadix et que, de là, nous serons transportés en Angleterre. Plus de doute, les Espagnols nous vendent, et ce sont les Anglais qui nous achètent ; dans quel siècle vivons-nous ? » Le 26, ils sortent à 6 heures de Belverd, où ils étaient restés plus de onze mois, et sont embarqués sur le transport *la Sainte-Trinité*.

× ×

Ils y sont entassés dans un entrepont où l'on peut à

peine tenir à genoux. Le 27, à 5 heures du matin, on part pour Cabrera, où on arrive à 8 heures du soir. D'abord on défend de sortir ; puis la surveillance se relâche. Le neveu de D'Eslon et d'autres viennent à la nage : « Quelle misère, grand Dieu ! nous avons sous les yeux : presque tous nos soldats sont nus ; une grande quantité se rend à la nage près de nous pour implorer des secours. Leurs rations sont insuffisantes et souvent la barque qui la leur apporte est retardée de plusieurs jours ; aujourd'hui ils sont dans ce cas. Nous leur jetons tout ce que nous pouvons ; ces malheureux sont désolés de voir partir leurs officiers et sous-officiers ; ils étaient pour eux une ressource contre l'affreuse misère qui les accable. »

D'Eslon est transféré sur *la Vierge-des-Miracles*, où il est aussi mal, dans la chaleur et l'entassement.

Le 29, appareillage ; ses deux jeunes gens sont sur un autre bateau. Alors, dans « une odeur de pestiférés », c'est une navigation lente, tantôt par une mer calme, tantôt par une mer grosse, qui cause des avaries et rend D'Eslon malade. Le 10 août, il est à Gibraltar. Les Français y sont très mal traités ; aussi le 15 août, où ils n'ont pas pu célébrer la fête de l'Empereur, faute d'argent, D'Eslon et quelques officiers pensent sérieusement à se jeter à la nage pour aller rejoindre les Français qui ne peuvent être éloignés de nous ; « toute réflexion faite, ajoute-t-il, j'ai jugé que cela n'était pas prudent. »

Le 18, il est transporté sur la *Britannia* n° 5 ; une dame y accouche pendant la nuit.

Le capitaine est un galant homme. Mais les officiers ont des rations de soldats, très mauvaises. Heureusement D'Eslon se procure des provisions grâce à de l'argent qu'il obtient par une lettre de change. Il en est à sa trente-huitième lettre à Bébelé.

Le 21, le convoi appareille ; il est composé de quatre

transports escortés par une frégate et transporte 1.253 hommes. Les calmes et les vents favorables alternant, il est le 18 septembre près de Plymouth, le 23 à l'île de Wight, où les officiers pensent à rédiger une protestation au gouvernement anglais, en raison de « sa loyauté connue » ; enfin, le 27, après une traversée de trente-sept jours, à Porstmouth.

Le 29, quarante-sept officiers, parmi lesquels D'Eslon, sont débarqués : « On nous a fait jurer sur l'honneur que nous ne chercherons pas à nous évader... » Ils sont douze dans une auberge : « Nous sommes tous fort gais de nous voir libres ; nous faisons un fort bon dîner : nous nous promenons avec délice dans un beau jardin. » En le quittant, le capitaine du bâtiment leur a offert de l'argent ; ils lui écrivent pour le remercier et reçoivent sa visite le lendemain.

Le lendemain, ils partent en voiture pour un voyage qui leur coûtera fort cher. Le 4 octobre, ils arrivent à Chesterfield, où ils trouvent nombre d'officiers français qui sont là « depuis sept ans » et les aident à se loger, « chose assez difficile et fort chère... Je me loge avec mon camarade Duras, qui m'a offert la moitié de son logement ; nous vivons en petit comité, c'est le seul moyen d'exister avec la solde modique que nous avons (elle est de 36 sous par jour). Je suis arrivé ici sans le sou; depuis longtemps je ne vis que d'emprunts... je suis ruiné ». Il écrit au capitaine anglais pour lui emprunter de l'argent. Le 7, il note :

« J'écrirai dorénavant peu dans ce journal ; nos journées vont se ressembler. » Il n'y a rien en effet jusqu'au 28.

Il continue à écrire à Bébelé et s'adresse au ministère de la guerre pour en obtenir un secours ; il espère recevoir de l'argent de France ; son dénuement est complet ; il s'est logé avec ses deux jeunes gens et Nicolas dans un

village voisin, Browton, pour donner et faire donner des
leçons aux premiers et leur faire perdre de mauvaises
habitudes"; il voit ses anciens compagnons sans faire de
nouvelles connaissances et apprend l'anglais.

Une fois encore les prisonniers espèrent voir leur captivité finir. Le général Dufour apprend à D'Eslon que Mas-
séna presse l'armée qui est devant lui ; « nous croyons
que ce sera ce maréchal qui opérera notre échange ». On
dit aussi que les conférences de Morlaix se continuent
et que l'échange est proche. D'Eslon a peine à le croire.
« Je crois fortement qu'il est question d'intérêts plus ma-
jeurs, qui pourraient bien n'être pas favorables à une puissance du Nord... » Il a raison ; car, quelques jours après,
il écrit : « Hélas ! le seul espoir qui nous restait vient de
s'évanouir ; la rentrée en Angleterre de M. Mackensie est
un événement bien malheureux pour nous. »

Les prisonniers souffrent surtout de deux choses : le dénuement et le manque de liberté réelle. D'Eslon s'adresse
partout pour avoir de l'argent. « Plus de la moitié des officiers qui sont ici sont obligés, pour pouvoir se vêtir, de
travailler du matin au soir, les uns à faire des gants,
d'autres de différents métiers ; quelques-uns enseignent
les langues ou travaillent des cheveux, etc... » Le colonel
craint bien d'être obligé d'en faire autant. D'autre part,
« nous avons ici un fantôme de liberté ; mais, comme en
Espagne, nous sommes exposés aux insultes d'une populace qui nous hait cordialement et qui ne néglige rien
pour nous le faire sentir... » Ils doivent être rentrés à
5 heures ; aussi les forgerons et les mineurs les guettent,
« parce qu'on nous fait payer à celui qui nous arrête aux
heures défendues une guinée » ; sinon c'est la prison ou
le ponton. « Nous sommes en quelque sorte plus gênés
ici que nous ne l'étions en Espagne ; du moins savions-

nous que nous étions en prison ; ici on nous met sur parole, et cet avantage nous conduit à peu de liberté. »

De plus, malgré ses nombreuses lettres à Bébelé, le colonel voit passer bien des mardis, jour de distribution, sans rien recevoir de sa famille. Le 8 décembre seulement il a une lettre de son fils, datée du 11 août, avec quelques mots de sa femme, et de nouveau, le 13 mars 1811, un billet de Bébelé daté du 10 janvier.

Aussi on comprend que D'Eslon fasse l'impossible pour rentrer en France. A la fin de 1810, ayant su que son ancien régiment se distinguait en Espagne, il lui écrit pour qu'il obtienne son échange sur les lieux contre un prisonnier de marque. Une autre voie plus sûre paraît s'ouvrir en 1811. Un ami ou un parent lui écrit de France en lui demandant « une pièce du Transport Office, qui constate qu'on pourra m'échanger contre un officier de mon grade si les gouvernements anglais et français veulent bien y consentir ».

Le 13 mars, il reçoit « le certificat du Transport Office qui autorise mon échange contre le capitaine de frégate Charles Otter si le gouvernement français y donne les mains ». Nous ignorons les suites qu'eut cette affaire qui, en tout cas, ne réussit pas.

Plusieurs officiers étaient déjà partis, que D'Eslon chargeait de lettres et de paquets : au mois de décembre c'était Bourdé avec un passeport obtenu par un capitaine de vaisseau anglais qu'il avait fait prisonnier et bien traité sept ans auparavant. Au commencement de 1811, c'était le général d'Hénin (des troupes de Saint-Domingue) avec sa femme et ses enfants.

Enfin, le 18 avril 1811, D'Eslon écrit à la dernière page de son journal où, depuis le séjour en Angleterre, les indications sont plus rares : « M. le colonel Berthon (?) vient de recevoir son passeport. Je ne trouverai peut-être

pas une meilleure occasion pour te faire parvenir mon
journal. Le voici. Bonjour. D' Eslon (1). »

---

(1) La source citée au début de ce travail nous apprend que
D'Eslon est rentré en France le 23 juin 1813; le 12 juillet, il est
remis major au 15ᵉ léger; le 25 novembre, nommé colonel du
9ᵉ léger; le 1ᵉʳ septembre 1814, admis à la demi-solde. Il était en
non-activité le 20 mars 1815. Une note nous apprend que « M. le
colonel d'Eslon (*sic*) a été employé depuis le 20 mars comme commandant d'armes de la place de Guise, jusqu'au moment de l'oc-
cupation de cette place par les troupes alliées ».

Paris et Limoges. — Imp. milit. Henri CHARLES-LAVAUZELLE.